Liedertheater Eddi Zauberfinger präsentiert
ein Lieder-Lesebuch für Generationen

WILLI, DER WASSERTROPFEN

Für [...]

viel Spaß mit Willi und Colti!

Der S.W.

Dez. 1999

Besten Dank der Stiftung Demokratie Saarland
und dem Entsorgungsverband Saar (EVS) für die großzügige Unterstützung
zur Verwirklichung dieses Buches.

Dennis W. Ebert

Die deutsche Bibliothek

Ebert, Dennis W.:

Willi, der Wassertropfen/Dennis W. Ebert. – Unterjettingen: Kreisel-Verlag, 1999
    ISBN 3-927635-33-2

1999 © by Eddi Zauberfinger Music, D-66839 Schmelz, Telefon und Fax (0 68 81) 5 34 73

Idee, Musik, Texte:	Dennis W. Ebert
Illustration:	Stefan Grenner, Alexander Wirth
Textbearbeitung:	Isabelle Henry-Selzer, Martina Lillig
Notation:	Bernhard Hayo
Typografie:	Grafische Werkstatt
Druck:	Ottweiler Druckerei und Verlag GmbH
	gedruckt auf 100% Recyclingpapier
Foto Rückseite:	Der „Rock'n Roll im Waschsalon", einstudiert von Uschi Rothkamp mit Schülern der Ganztagsgrundschule SB-Rastbachtal. Kostüme: Barbara Caveng

Liedertheater Eddi Zauberfinger präsentiert
ein Lieder-Lesebuch für Generationen

WILLI DER WASSERTROPFEN

INHALTSVERZEICHNIS

 WILLI DER WASSERTROPFEN 8

ZAHNTEUFELBLUES 10

 ROCK'N ROLL IM WASCHSALON 18

 SOS IM ELLBACHTAL 24

 SEEPIRATENLIED 28

SONNENSTERN 34

HEIH BUUH
DAS MONDGESPENST 42

 DINOSAURIERLIED 48

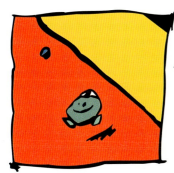 REGENBOGENTWIST 54

5

Leider sind die Sommerferien zu Ende und heute ist wieder der erste
Schultag. Eddi Zauberfinger ist gerade aufgestanden; noch etwas schlaf-
trunken schlurft er ins Badezimmer und putzt sich die Zähne.
Plötzlich hört er eine Stimme:*„Eeeedii!"* –
Er guckt sich erschrocken im Badezimmer um.
„Eeeedii, haaaloooo!"
„Nanu, was ist denn das?", wundert sich Eddi, denn die Stimme kommt
eindeutig aus dem Zahnbecher. Da, tatsächlich – ganz oben am Becherrand
wackelt ein kleiner Wassertropfen munter hin und her und grinst ihn an.
„Mann, seit wann können Wassertropfen denn sprechen?", fragt er fassungslos.
*„Wir Wassertropfen konnten immer schon sprechen, sogar in verschiedenen Sprachen.
Zum Beispiel Englisch, Französisch, Russisch, Türkisch, Chinesisch oder auch Afrika-
nisch. Spanisch kann ich leider nicht so gut, weil ich noch nicht so oft in Spanien war.
Aber viele Menschen wollen uns Wassertropfen trotzdem nicht verstehen und deshalb
werden wir so langsam sauer."*
„Ich verstehe dich!", sagt Eddi ganz stolz.
„Na prima", der kleine Wassertropfen ist ganz begeistert, *„dann werde ich dir
mal was erzählen."*
„Duuuu? Ein Wassertropfen? Was willst du mir schon erzählen?"

„Eine ganze Menge. Zum Beispiel von der Wassertropfenschule im tiefen Ozean, oder warum Wassertropfen so wichtig für die Menschen und Tiere sind, oder wie ich mit vielen Freunden zusammen Wolken baue und von den ganzen Reisen, die wir unternehmen …"

„Das klingt ja spannend", unterbricht Eddi den Kleinen, „aber sag' mal, wie heißt du eigentlich?"

„Ich heiße Wilfried, aber meine Freunde dürfen mich Willi nennen. Übrigens gibt es auch ein Lied über mich. Wenn du möchtest, singe ich es dir vor!"

„Au ja, Willi", freut sich Eddi.

WILLI DER WASSERTROPFEN

T. u. M.: Dennis W. Ebert

8

Wil- li der Was- ser- trop-fen   kommt mit der Wol- ke Num- mer sie- ben,

Wil- li der Was- ser- trop-fen   reist manch-mal um die gan-ze Welt.

Wil- li der Was- ser- trop-fen   weiß, was die Was-ser-trop- fen lie- ben,

Wil- li der Was- ser- trop-fen tut, was auch dir und mir ge- fällt.

Mit sei-nen Freun-den rutscht er   auf 'nem Re - gen-bo-gen run-ter,

und klopft viel- leicht auch mal an dei-ner Fens- ter-schei-be an.

Auf ei- ner Wie-se wer-den vie- le Blu - men wie-der mun- ter,

Wil- li der Was-ser-trop-fen weiß, was er kann, was er kann.

Unter der Erde wandern Willi und seine Freunde weiter.
An dicken Steinen, durch den Sand und an Höhlen vorbei.
Auch wenn es dunkel wird, Wassertropfen bleiben immer heiter,
denn irgendwo und irgendwann lässt die Dunkelheit sie wieder frei.

Dann sprudeln alle Tropfen munter aus 'ner klaren Quelle,
purzeln Wasserfälle weit hinunter bis ins Tal.
Wassertropfen bleiben niemals an der selben Stelle,
schwimmen im Fluss bis ins weite Meer, jedes Mal, jedes Mal.

Dort in der Wassertropfenschule fühlen sie sich wie zu Hause,
denn jeder hört dem and'ren gerne zu, was der erzählen kann.
Auch die alten Wassertropfenlehrer, die staunen ohne Pause,
wie man bei den Menschen Freunde findet steht heut' auf dem Stundenplan.

Bald klettern alle Tropfenkinder aus der Schule ganz nach oben
und melden sich zu einer Reise bei der heißen Sonne an.
Mit einem kleinen Trick, da werden sie zum Himmel hoch gezogen,
verwandeln sich in eine Wolke und der Wind schiebt sie an.

ZAHNTEUFELBLUES

T. u. M.: Dennis W. Ebert

10   Normalerweise ist Eddi morgens kaum wach zu kriegen, aber heute ist alles
ganz anders: *„Also das ist ja 'n Ding. Kennst du noch mehr Lieder?"*
„Klar", sagt Willi stolz, *„und wenn ich dich so mit deiner Zahnbürste sehe, fällt mir*
ein, dass wir Wassertropfen sogar ein Lied über's Zähneputzen gelernt haben.
Du kannst dir ja im Rhythmus dazu deine Beißerchen putzen – so kannst du prima
die Zahnteufel verjagen … ich zähl' mal den Takt vor: 1…, 2 …, 1, 2, 3, 4 …"

Zehn klei-ne Bei -ßer-chen, zehn klei- ne Bei -ßer-chen. Die

klap-per-ten in 'ner Höh-le drin, die klap-per-ten in 'ner Höh-le drin.

Zwei, die woll-ten Dau-er- lut-scher, zwei, die woll-ten Dau-er- lut-scher,

im-mer wie-der Dau-er- lut-scher, im-mer wie-der Dau-er- lut-scher.

Putz-ten ih-re Zäh-ne nicht, putz-ten ih-re Zäh-ne nicht. Au-

11

a! Schon flo- gen sie raus, vom Zahn-teu-fel er-wischt.

Nach dem Na-schen nach dem Es-sen, nach dem Na-schen nach dem Es- sen,

Zäh-ne- put-zen nicht ver- ges-sen! Zäh-ne- put-zen nicht ver- ges- sen!

Zahn-teu-fel schnell ver- ja- gen. Zahn- teu-fel schnell ver- ja- gen!

Zahn- teu-fel kön- nen kei-ne Zahn- bürs- te ver-tra- gen!

Acht kleine Beißerchen, die klapperten in 'ner Höhle drin.
Zwei, die tranken Limonade, literweise Limonade.
Putzten ihre Zähne nicht, aua, schon flogen sie raus, vom Zahnteufel erwischt!

Sechs kleine Beißerchen, die klapperten in 'ner Höhle drin.
Zwei, die liebten Ketchup sehr, ruck zuck war die Flasche leer.
Putzten ihre Zähne nicht, aua, schon flogen sie raus, vom Zahnteufel erwischt!

Nach dem Naschen, nach dem Essen, Zähneputzen nicht vergessen!
Zahnteufel schnell verjagen,denn Zahnteufel können keine Zahnbürste vertragen!

Vier kleine Beißerchen, die klapperten in 'ner Höhle drin.
Zwei die kauten Gummibären, tütenweise Gummibären.
Putzten ihre Zähne nicht, aua, schon flogen sie raus, vom Zahnteufel erwischt!

Zwei kleine Beißerchen, die klapperten in 'ner Höhle drin.
Einer fragte: Machst Du mit? – Ich kenn da was, das hält uns fit! –
Wenn Zahnteufel Schlittschuh laufen, müssen wir in die Stadt rein laufen
und uns 'ne Zahnbürste und Zahnpasta kaufen,
denn nach dem Naschen, nach dem Essen, Zähneputzen nicht vergessen!
Zahnteufel schnell verjagen, denn Zahnteufel können keine Zahnbürste vertragen!

„*Starkes Lied, Willi!*", lobt Eddi seinen Freund, denn der Zahnteufelblues hat ihm echt gut gefallen.

„*Manchmal hab' ich gar keine Lust, mir die Zähne zu putzen, wenn ich 'was Süßes gegessen habe, aber ich weiß schon, dass es sein muss... und mit Musik ist es gar nicht so übel!*"

„*Oh Schreck!*" – Eddi schaut zur Uhr: „*Es ist ja schon Viertel vor. Mein Bus! Den kann ich jetzt wohl vergessen. Und das am ersten Schultag!*"

Willi überlegt: „*Tja, wenn du so klein wärst wie ich, dann könnten wir durch die Wasserleitung genau in deine Klasse schwimmen und aus dem Wasserhahn heraus-springen. Das geht ruck zuck.*"

„*Hmmm, früher konnte ich mal mit meinem Zauberdaumen zaubern*", sagt Eddi nachdenklich, „*ob ich das heute noch kann? Ich hab's lange nicht mehr probiert.*"

Willi steht der Mund vor Staunen offen: „*Waaas? Du kannst zaubern? Mensch, das muss ich sehen!*"

Und schwuppdiwupp zaubert Eddi sich und Willi in den Wasserhahn.

Kurz darauf schwimmen die Beiden Kreuz und Quer durch die städtischen Trinkwasserleitungen. Nach wenigen Minuten tropfen sie tatsächlich aus dem defekten Wasserhahn in Eddis Klassenzimmer. Eddi kommt ganz schön ins Schwitzen, als sie sich auf dem glatten Waschbecken zum Rand nach oben ziehen, um die Klasse zu beobachten. Die Unterrichtsstunde hat eigentlich schon vor zehn Minuten begonnen, aber bis jetzt ist noch kein Lehrer da. Plötzlich geht die Tür auf und die Frau Direktor tippelt herein.

Räusper, räusper. „*Etwas Ruhe bitte! Geht auf eure Plätze. Ich habe euch etwas mit-zuteilen: Das Ministerium hat für eure Klasse leider noch keinen Lehrer gefunden. Deshalb muss der Unterricht in dieser Woche ausfallen. Sagt dies bitte auch euren Eltern. Ich bitte um euer Verständnis.*"

Na, da braucht sie aber nicht lange zu bitten. Ein ohrenbetäubendes Jubel-geschrei bricht los. Noch eine Woche zusätzlich Ferien, das ist endlich mal eine gute Nachricht. Schnell packen alle ihre Sachen zusammen. Doch da springen Eddi und Willi in Lebensgröße aus dem Waschbecken. Es wird mucksmäuschenstill. So einen Riesenwassertropfen hat noch nie jemand gesehen.

Aber bevor irgendjemand etwas sagen kann erklärt Eddi ganz schnell, was es damit auf sich hat.

Auf einmal hat Willi eine Idee: *„Wie wär's, wenn ihr mich begleitet – jetzt, wo ihr noch schulfrei habt? Wir könnten doch zusammen auf Abenteuerreise gehen!"*
„Au ja! Das wär' toll! Super ... !"
„Kein Problem!", meint Eddi und verwandelt sich und die reiselustige Gesellschaft mitsamt ihrem Reiseleiter zu kleinen Wassertropfen in den Wasserhahn zurück. Gerade als der Letzte mit seinem linken Bein noch herausbaumelt kommt Frau Braun, die Putzfrau der Schule. Sie dreht den Wasserhahn auf. Holterdiepolter blubbern alle wieder aus der Leitung hervor und wirbeln im Putzeimer von Frau Braun herum. Oh je!
Mit Schrubber und Lappen werden die Kinder über dem Fußboden des Klassenraumes hin und her geschleudert. Frau Braun saugt mit ihrem Lappen alle schmutzigen Wassertropfenkinder wieder auf und wringt ihn über dem Eimer aus. Alle Kinder plumpsen hinein und schwimmen prustend zwischen Sand, Kaugummi und Hundekacke herum. Mächtigen Schrittes stampft Frau Braun zur Toilette und schüttet den Eimer samt Insassen mit einem Schwung ins Klo.

15

„*Puuh!!! Wie das stinkt!!! Lauter dicke kleine Strolche ... und wie eng das hier ist!*", hört man die Kinder klagen.

„*Was ist denn das?*", ruft einer aus Verzweiflung, als er an einem klebrigen Wattestäbchen hängen bleibt.

„*Und da! Iggittigit!*", – ein blutverschmiertes Pflaster schwimmt neben einer Blechdose, einem Teebeutel und einer Socke im Kanal herum.

„*Bäääääh!*" – „*Durchhalten, Leute!*", ruft Willi den Übrigen zu,
„*Wir kommen bald zu Tina und Peter in den Waschsalon. Die Beiden sind Wasser-tropfenfreunde und werden uns schon wieder sauber kriegen!*"

ROCK'N ROLL IM WASCHSALON

T. u. M.: Dennis W. Ebert

18

Ti- na und der Pe- ter hel-fen je- den Tag, weil

je- der von den Bei-den die Was- ser- trop-fen mag.

Al- le Trop-fen- kin- der von der gan-zen Welt,

kom- men im- mer wie- der, weil es ih- nen hier ge- fällt.

Aus al- len Ka- nä- len und aus je- dem Rohr,

schwimmt der ge-   sam- te Was- ser- trop-fen- kin-der- chor.

Das gibt es   nur in Ti- nas Wasch-sa-lon!

Refrain

Rock'n Roll im Wasch-sa- lon –   al- le Trop-fen wer-den   fit.

Rock'n Roll im Wasch-sa-lon,   im Wasch-sa-   lon, im Wasch-sa- lon.

Schrubb schrubb, schrubb mich   ab! Schrubb schrubb, schrubb mich ab!

Schrubb schrubb, schrubb mich   ab!   Schrubb, mich   ab!

Mit einem Netz macht sich dann Peter an die ersten Tropfen ran,
sammelt alles, was im Klo verschwunden, Wassertropfen werden oft geschunden:
Tennisbälle, Wattestäbchen und noch mehr – Peters Netz bleibt leider niemals leer!

Mit einer Bürste macht sich dann, Tina an die nächsten Tropfen ran
und jeder Tropfen, der wieder sauber ist, gibt ihr einen Kuss, damit sie ihn nicht vergisst!
Alle Tropfenkinder, die wissen das schon: Das gibt es nur in Tinas Waschsalon!

Rock'n Roll im Waschsalon – alle Tropfen werden fit!
Rock'n Roll im Waschsalon, im Waschsalon, im Waschsalon!
Schrubb schrubb, schrubb mich ab! Schrubb schrubb, schrubb mich ab!
Schrubb schrubb, schrubb mich ab, schrubb mich ab!

Alle Wassertropfen schnappen sich Sauerstoffteilchen und werden frisch.
Geben sich die Hände, tanzen Rock'n Roll, jede Woche ist der Waschsalon proppenvoll.
Alle Tropfenkinder, die wissen das schon: Das gibt es nur in Tinas Waschsalon!

Wenn alle Tropfen wieder sauber sind, kommt der Bauer Hahni mit dem Traktor
geschwind. Denn die Wassertropfen bringen auch viel Schlamm, den der Bauer wieder
auf dem Feld verwenden kann.

Alle Tropfenkinder, die wissen das schon:
Das gibt es nur in Tinas Waschsalon!

„Willi, du kennst dich ja echt aus!", staunt Eddi.

Ein tolles Gefühl ist das, nach der Schweinerei im Klassenzimmer und in der Toilette, endlich wieder frisch und sauber in einem klaren Bach zu schwimmen. Am Rande eines Ackers entdecken sie den Bauer Hahni, der gerade mit dem Traktor den Klärschlamm auf seinem Feld als natürlichen Dünger verstreut. Sie winken ihm alle zu, aber er kann sie natürlich nicht sehen. Willi erzählt, dass der kleine Bach, in dem sie jetzt schwimmen, gleich durch ein Kinderland führt. Hier gibt es einen Wassertropfenfreund, der mit Kindern nach der Schule ein Biotop angelegt hat. Nachmittags ist er für alle Kinder da, hilft bei den Aufgaben, zeigt aber auch mal wie man auf einem Pony reitet oder ein Floß baut.

Beim letzten Mal als Willi hier vorbeikam, übten die Kinder auf einer Bühne am Ufer gerade ein Protestlied ein. Ihr Wassertropfenfreund soll nämlich

entlassen werden weil für seine Stelle kein Geld mehr da ist. Außerdem soll auf diesem Gelände ein Hochhaus gebaut werden.

„Sogar der Ellbach, in dem wir gerade schwimmen, soll einfach zubetoniert werden. Das hab' ich mal bei einer Konferenz im Rathaus gehört, als ich in einer Sprudelflasche saß!", entrüstet sich Willi. *„Dann wären auch die vielen Tiere und Pflanzen bald verschwunden."* Und tatsächlich erblicken die Wassertropfenkinder ein Schild mit der Aufschrift: „Jugendfarm Ellbachtal – Projekt der Ganztagsschule".

Sie haben Glück. Scheinbar probt die Schülerband gerade das Protestlied, mit dem sie auf ihre Sorgen aufmerksam machen möchte. Schnell halten sich Willi und die Wassertropfenkinder an einem verankerten Floß fest und lauschen der phantastischen Sängerin:

23

SOS im Ellbachtal

T. u. M.: Dennis W. Ebert

24

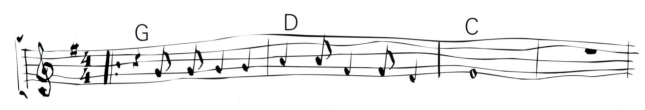

Sag mir wo ist nach der Schu- le was los,

wo man spie-len und was er- le- ben kann?

Mei- ne El- tern ha- ben oft kei- ne Zeit, doch auf der

Ju-gend- farm, im Ell-bach- tal gibt es A-ben-teu-er weit und breit!

S. O. S. im Ell- bach- tal, un-ser Floß sinkt ra- di- kal,

kei-ner weiß wo- hin die Rei-se geht. S. O. S. der Ka- pi- tän

darf nicht mit uns un-ter- geh'n, helft uns, helft uns, sonst ist es zu spät!

Wo man Tiere hautnah streicheln kann. Kochen steht manchmal auch auf dem Programm.
Ein selbstgebautes Floß mit Aussichtsturm. Doch auf der Jugendfarm im Ellbachtal
da droht ein großer Sturm:

S.O.S. im Ellbachtal, unser Floß sinkt radikal, keiner weiß wohin die Reise geht.
S.O.S. der Kapitän darf nicht mit uns untergeh'n, helft uns, helft uns, sonst ist es zu spät!

Wo man Ponys reiten kann, oder sein Fahrrad mit Freunden repariert.
Diskutieren über einen Regenwurm. Doch auf der Jugendfarm im Ellbachtal,
da droht ein dunkler Sturm.

Vielleicht bin ich 'ne Träumerin, doch Träume haben einen Sinn,
das habt ihr mir doch irgendwann erzählt.
Solang' ihr Wolkenkratzer baut, wo kein Mensch nach dem and'ren schaut,
darf unser Kinderland nicht vergeh'n – niemals vergeh'n.

Wir bauen g'rade eine Hüttenstadt. Nun ratet, wer hat uns das beigebracht!
Nur Gucken und Staunen, das wäre dumm, denn auf der Jugendfarm im Ellbachtal,
da droht ein großer Sturm.

Der Ausflug unserer Wassertropfenkinder geht weiter.
Unterwegs erzählt Willi spannende Geschichten von seinen Abenteuern, die er im Kreislauf seines Wassertropfenlebens erlebt hat. Langeweile kommt bei dieser Reise überhaupt nicht auf. Mittlerweile mündet der Ellbach in einen großen Fluss. Die Wassertropfen hier sind so stark, dass sie sogar schwer beladene Schiffe tragen können. Als alle die riesigen Schiffe bestaunen, erzählt Willi von den Seepiraten, die er schon öfter auf Flüssen und Meeren beobachten konnte: *„Diese Seepiraten sind eigentlich keine richtigen Seepiraten, also nicht so welche mit Augenklappe, Degen und Hakenhand wie Käpt'n Hook. Ihr Schiff hat auch keine Kanonen an Bord. Sie suchen auch keine Schätze, nein – im Gegenteil – sie versuchen einen Schatz zu bewahren. Man nennt sie auch »Kämpfer des Regenbogens«, weil sie Freunde der Erde und vor allem Freunde der Wassertropfen und der Tiere sind. Ihr Schiff – die »Rainbow-Warrior« – ist natürlich auch in unserer Wassertropfenschule bekannt und manchmal singen wir im Musikunterricht darüber ein Lied mit einem mächtigen Piratenchor."*

SEEPIRATENLIED

T. u. M.: Dennis W. Ebert

28

See- pi- ra- ten klet-tern früh am Mor- gen in ihr Boot,

set- zen ih- re Se- gel in den Wind. Heu- te hel- fen See- pi- ra- ten

Freun- den in der Not, ih- re Fah- ne er- klärt, wer sie sind.

Ih- re wei- ße Tau- be ü- ber Wel- len auf dem Meer,

fin- det je- den Mee- res- ka- pi- tän, der die Was- ser- trop- fen- freun- de

C   **a**   **d**

är- gert und noch mehr – und viel- leicht wer-det ihr sie mal seh´n!

Refrain   **F**   **C**   **d**

Rain-bow War- ri- or heißt un-ser Boot, al- le Freun-de die-ser

A   **F**   **C**

Welt hal- ten zu- sam-men, denn wer sie be- droht,

F   **G**   **A**   **d**   **C**

hat be-stimmt den fal-schen Kurs ge- wählt! Ho, ho ho ho, ho ho

d   **C**   **d**   **C**   **a**   **d**

ho, ho ho ho! Ho, ho ho ho, ho ho ho, ho ho ho!

Dort ein Riesentanker fährt mit Öl in seinem Bauch,
vor ihm liegt ein Riesen-Felsenriff.
Und der Kapitän hält eine Flasche in der Hand –
sagt mal, steuert man so denn ein Schiff?

Seepiraten klettern von der Seite schnell an Bord,
reißen ihm das Ruder rum – oh weh!
Ganz ganz knapp an einer Katastrophe vorbei –
die Kapitänsmütze fliegt in die See.

Rainbow Warrior heißt unser Boot,
alle Freunde dieser Welt
halten zusammen, denn wer sie bedroht,
hat bestimmt den falschen Weg gewählt!

Wale sind geheimnisvoller als jedes Tier,
wandern quer durch jeden Ozean.
60 Millionen Jahre leben sie schon hier,
haben nie einem Mensch' was getan.
Doch ein Kapitän ruft:
»Ich kriege dafür Geld, wenn ich dieses Tier gefangen hab'!« –
Seepiraten kreuzen vor dem Bug hin und her,
Gott sei Dank taucht der Wal tief hinab!

Hoch im Norden liegt ein Robbenbaby auf dem Eis,
in der Sonne strahlt sein weißes Fell.
Mit einer Keule schleicht ein Robbenjäger an,
dieses Baby braucht Hilfe, ganz schnell.
Wieder flitzen Seepiraten von weit herbei,
spritzen mit Farbe aus dem Boot
auf das Robbenfell einen Regenbogen drauf,
retten somit das Baby vor'm Tod.

Heimlich fährt ein Frachter in den Morgenstunden los,
mitten auf dem großen weiten Meer
fliegen alte Fässer einfach ganz schnell von Bord,
Tropfenfreunde, die ärgern sich sehr.
Seepiraten fangen alle Fässer wieder auf,
werfen sie dem Kapitän zurück.
Zeigen ihm ein Transparent mit kranken Fischen drauf,
der versteht, alles Gift kommt zurück.

Endlich schwimmt die Reisegesellschaft auf dem weiten blauen Ozean. „Achtung! Jetzt geht's abwärts!", warnt Willi schon mal vor. Und dann tauchen sie tief ins Meer hinab. Unter einem malerischen Korallenriff finden sie den Eingang zur Wassertropfenschule. Ist das ein Getümmel! Wassertropfen aus aller Herren Länder treffen sich in riesigen Unterwassersälen bei verschiedenen Wassertropfenlehrern. Alle berichten und diskutieren über die Weltreisen und die Tropfenkinder und Lehrer hören einander aufmerksam zu. Noch nie hatten Menschenkinder den Unterricht einer Wassertropfenschule besucht. Irgendwie läuft hier alles auch ganz anders ab – viel freundlicher und netter geht es hier zu und jeder kennt jeden, obwohl es doch so viele sind.

33

Willi schwimmt mit Eddi und seinen Freunden in die vierte Klasse, wo sie von allen Seiten mit Fragen bombardiert werden. Manchmal wissen sie keine Antwort – aber so langsam verstehen sie, dass die Menschen durch ihr rücksichtsloses Verhalten bei allen Wassertropfen sehr großen Schaden anrichten. In der Pause spielen einige Tropfen Unterwasserfußball. Andere sieht man beim Luftblasen blubbern, aber die meisten tummeln sich auf dem abenteuerlichen Wassertropfenspielplatz direkt neben der Schule. Willi schwimmt mit seiner Reisegesellschaft durch das Museum der alten versunkenen Unterwasserstadt.

WASSERTROPFEN
SCHULE

30

In der nächsten Unterrichtsstunde darf Willi vor allen Tropfenschülern von der Sonne, einer guten Freundin der Wassertropfen, erzählen:

„Mit Hilfe der Sonnenkraft können die Wassertropfen immer wieder zu einer neuen Rundreise um die Erde starten und gelangen als frisches Wasser zu Menschen, Tieren und Pflanzen. Mit ihren Strahlen sendet die Sonne Licht und Wärme zu ihren neun Planeten, die im Weltraum um sie kreisen – und durch ihre besondere Kraft verliert sie auch keinen Einzigen davon. Irgendwie hält sie alles im Gleichgewicht. Für uns Wassertropfen wäre es toll, wenn die Menschen die saubere Energie der Sonne nutzen würden – das müssen wir ihnen mal sagen. Vielleicht gäbe es dann auf den Meeren keine gefährlichen Öltransporte mehr. Bestimmt hätten die Menschen auch keinen Atommüll mehr, den sie einfach ins Wasser kippen. Dieser Dreck muss ihnen doch den Appetit verderben, wenn sie zu Hause zum Beispiel Fisch essen oder wenn sie im Urlaub im Meer baden. Vermutlich hängt es aber damit zusammen, dass die Menschen krankes Wasser mit ihren Augen einfach nicht erkennen können."

„Sehr gut, Willi", lobt der Wassertropfenlehrer, während alle in der Klasse etwas nachdenklich werden.

„Das ist wirklich schwierig mit den Menschen. Aber wenn wir jetzt schon ein paar Freunde mehr haben", blubbert der Lehrer und zwinkert Eddi und seinen Freunden zu, *„dann kommen bestimmt auch wieder sonnigere Zeiten für uns Wassertropfen."* Gemeinsam mit allen Wassertropfenschülern singt er zum Abschluss der Stunde das Lied, in dem die Wassertropfen die Kinder der Sonne vorstellen:

T. u. M.: Dennis W. Ebert

Son- nen-stern, Son- nen-stern, sag´mir, er-klär´ mir, ich wüs-ste so gern,

wie das dort oben bei dir funk- ti- o- niert, wie man dort kei-nen Pla-

ne- ten ver-liert. Ganz nah bei dir ist mit Mer-

kur ei- ner der kleins-ten Pla- ne- ten auf Tour. In acht- zig

Ta-gen und noch acht da- zu, dreht er sich um dich he- rum im Nu.

Ve- nus heißt auch A- bend- stern,

strahlt ein paar Stun-den ganz von fern, ver- schwin- det kurz und

lä- chelt dann als Mor- gen- stern uns an.

Dritter Planet, der sich um dich dreht, ist uns're Erde, auf der leben wir.
Pflanzen und Tiere, Feuer und Luft, Wasser und Menschen als Passagier.

Glaub' mir lieber Sonnenstern, ich auf der Erde ich hab' dich gern.
Du kannst mir Regenbogen bauen, kannst noch viel viel mehr!

Der rote Mars ist Nummer vier, Vulkane und Sandstürme findet man hier,
Jupiter braucht als der größte Planet zwölf Jahre lang, bis er sich um dich dreht.

Saturn als schönster Ringplanet und der Uranus in türkis
nach 84 Jahren hat er sich um dich gedreht.

Achter Planet, Neptun genannt, ist als der zweitgrößte Riese bekannt,
Pluto der kleine und kälteste dann, dreht ganz als Letzter um dich seine Bahn.

Glaub' mir lieber Sonnenstern, ich auf der Erde ich hab' dich gern,
du kannst mir Regenbogen bauen, kannst noch viel viel mehr!

Wie die Planeten dreh'n wir uns im Kreis, wird's auf der Erde auch immer mehr heiß,
ich glaub' du Sonnenstern kannst nichts dafür, wir Wassertropfen halten zu dir.

Glaub' mir lieber Sonnenstern, ich auf der Erde ich hab' dich gern.
Du kannst mir Regenbogen bauen, kannst noch viel viel mehr!

Sonnenstern, Sonnenstern, sag' mir, erklär' mir, ich wüsste so gern,
wie das dort oben bei dir funktioniert, wie man dort keinen Planeten verliert.

Dann ist der Besuch der Wassertropfenschule zu Ende und Willi, Eddi und seine Freunde lassen sich wieder nach oben treiben. Es ist inzwischen mächtig heiß geworden. Die Sonne steht hoch am Himmel und scheint mit aller Kraft aufs Meer. Eddi ist so von ihr geblendet, dass er nur noch durch seine Augenschlitze blinzeln kann. Er und seine Klassenkameraden stöhnen unter der Hitze: *„Das ist ja nicht zum Aushalten!"*, jammern sie, und Eddi keucht:
„Mir ist so heiß, Willi. Hast du vielleicht eine Idee, was wir jetzt tun können?" Willi nickt: *„Macht mir einfach alles nach!"*
Er legt sich auf den Rücken – viele andere Wassertropfen, auch Eddi und seine Kollegen, folgen ihm. Jetzt spüren sie die Strahlen der Sonne ganz stark. Und plötzlich – oh Schreck – merken sie, wie sie schon eine Handbreit über dem Meer schweben.
„Hilfe", schreit Eddi und rudert wie wild mit seinen Armen in der Luft, *„ich fliege!"* Willi ruft ihm zu, dass er lieber mal nach unten schauen und den Ausblick genießen soll. Und tatsächlich – Eddi fängt an zu jubeln: *„Ich kann fliegen! Unter mir wird alles immer kleiner: Die Schiffe und die Inseln, fast kann ich gar nichts mehr erkennen."*
Kein Wunder, denn die Tropfengesellschaft befindet sich auf dem Weg Richtung Sonne. Allen wird es immer heißer und wie ein feiner Nebel schweben sie höher und höher. Um sie herum wird dann die Luft plötzlich wieder kühler und kühler. Fröstelnd drängen sie sich dicht aneinander. Von der Erde aus sieht man nur eine große Wolke, die der Wind langsam vom Meer wieder ins Land hineinschiebt.

An einem Berg müssen sie auf ihrer schnellen Fahrt immer höher steigen. *„Gott sei Dank sind wir schwindelfrei"*, denkt Eddi.

Immer dichter rücken die Wassertropfen zusammen bis sie es nicht mehr aushalten und ihre Wolke aus allen Nähten platzt.

„Platsch!" – fallen alle hinunter zur Erde und landen mitten in einer Pfütze bei einem alten verlassenen Wasserschloss. Mittlerweile ist es schon fast Mitternacht und Eddi und seine Freunde fürchten sich in der etwas unheimlichen Umgebung. Hohe Bäume werfen ihre langen Schatten auf den Boden ... von fern hört man den Schrei einer Eule.

Plötzlich jagt ihnen ein flatterndes Etwas einen großen Schreck ein.

„Keine Panik!" Beruhigend redet Willi auf seine Gäste ein.

„Das ist bloß Hei Buuh, das alte Mondgespenst. Es gehört auch zu den Wassertropfenfreunden – aber das wird es euch in seinem Gespensterlied selbst erklären."

HEIH BUUH
DAS MONDGESPENST

T. u. M.: Dennis W. Ebert

42

Ich bin das klei- ne Mond-ge-spenst, heih buuh, heih

buuh und sau- se um die Er- de rum, heih buuh, heih buuh. Die

Fle- der-mäu-se ken-nen mich, heih buuh, heih buuh! Eu- len und Kat- zen

grü- ße ich, heih buuh, heih buuh, heih buuh!

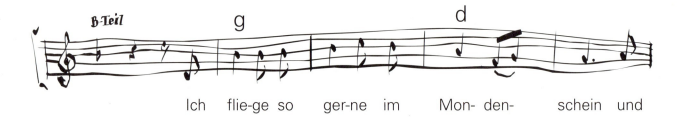

Ich flie-ge so ger-ne im Mon-den- schein und

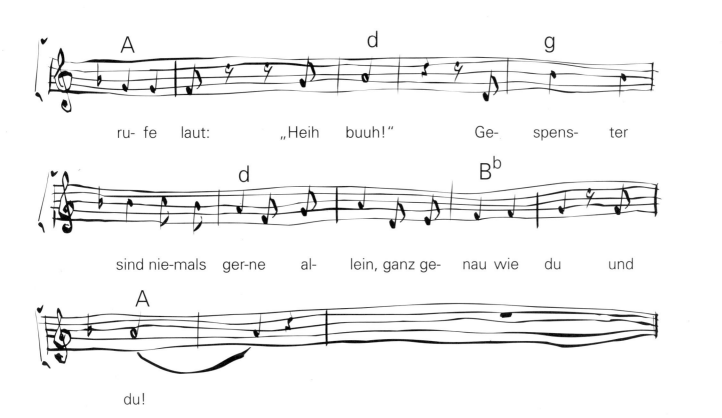

ru- fe laut: „Heih buuh!" Ge- spens- ter

sind nie-mals ger-ne al- lein, ganz ge- nau wie du und

du!

Ich lebe schon Millionen Jahr', heih buuh, heih buuh!
Und weiß noch wie es früher war, heih buuh, heih buuh!
Gespenster flogen nie allein, heih buuh, heih buuh!
Zu dritt, zu viert oder zu zwei'n, heih buuh, heih buuh, heih buuh!

Ich fliege so gerne im Mondenschein und rufe laut: "Heih buuh!"
Gespenster sind niemals gerne allein, ganz genau wie du und du!

Vor ein paar Jahren kamen dann, heih buuh, heih buuh!
Hier oben Astronauten an, heih buuh, heih buuh!
Sie hab'n mich leider nicht geseh'n, heih buuh, heih buuh!
Ich musste g'rad' zur Arbeit geh'n, heih buuh, heih buuh, heih buuh!

Zwölfmal sause ich um die Erde herum, dann ist ein Jahr vorbei.
Ich nehme ab und auch wieder zu und die Sonne hilft mir dabei.

Mit meinem kleinen Zaubertrick, heih buuh, heih buuh!
Da schiebe ich das Meer zurück, heih buuh, heih buuh!
Sechs Stunden leg' ich mich auf's Ohr, heih buuh, heih buuh!
Dann zaub're ich es wieder vor, heih buuh, heih buuh, heih buuh!

Ich bin das kleine Mondgespenst, heih buuh, heih buuh!
Und sause um die Erde rum, heih buuh, heih buuh!
Die Fledermäuse kennen mich, heih buuh, heih buuh!
Eulen und Katzen grüßen mich, heih buuh, heih buuh,
heih buuh!

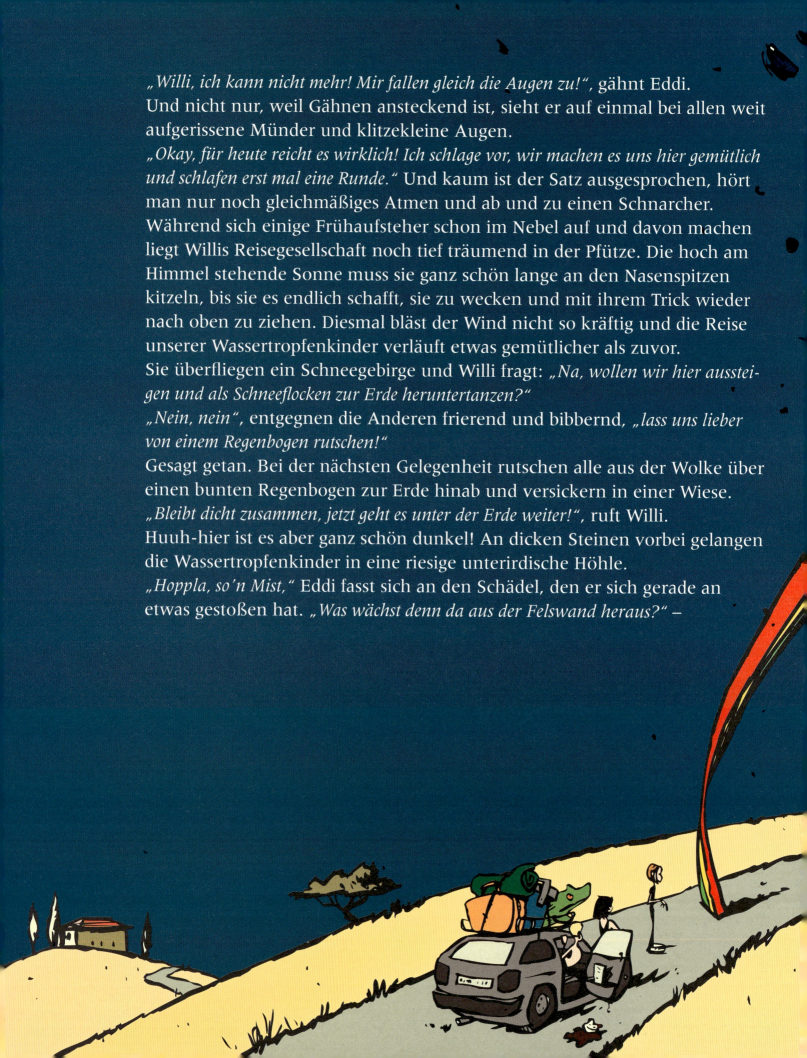

„Willi, ich kann nicht mehr! Mir fallen gleich die Augen zu!", gähnt Eddi.
Und nicht nur, weil Gähnen ansteckend ist, sieht er auf einmal bei allen weit
aufgerissene Münder und klitzekleine Augen.

„Okay, für heute reicht es wirklich! Ich schlage vor, wir machen es uns hier gemütlich
und schlafen erst mal eine Runde." Und kaum ist der Satz ausgesprochen, hört
man nur noch gleichmäßiges Atmen und ab und zu einen Schnarcher.
Während sich einige Frühaufsteher schon im Nebel auf und davon machen
liegt Willis Reisegesellschaft noch tief träumend in der Pfütze. Die hoch am
Himmel stehende Sonne muss sie ganz schön lange an den Nasenspitzen
kitzeln, bis sie es endlich schafft, sie zu wecken und mit ihrem Trick wieder
nach oben zu ziehen. Diesmal bläst der Wind nicht so kräftig und die Reise
unserer Wassertropfenkinder verläuft etwas gemütlicher als zuvor.
Sie überfliegen ein Schneegebirge und Willi fragt: „Na, wollen wir hier ausstei-
gen und als Schneeflocken zur Erde heruntertanzen?"
„Nein, nein", entgegnen die Anderen frierend und bibbernd, „lass uns lieber
von einem Regenbogen rutschen!"
Gesagt getan. Bei der nächsten Gelegenheit rutschen alle aus der Wolke über
einen bunten Regenbogen zur Erde hinab und versickern in einer Wiese.
„Bleibt dicht zusammen, jetzt geht es unter der Erde weiter!", ruft Willi.
Huuh-hier ist es aber ganz schön dunkel! An dicken Steinen vorbei gelangen
die Wassertropfenkinder in eine riesige unterirdische Höhle.
„Hoppla, so'n Mist," Eddi fasst sich an den Schädel, den er sich gerade an
etwas gestoßen hat. „Was wächst denn da aus der Felswand heraus?" –

„Das sind alte versteinerte Dinosaurierknochen!", ruft Willi. „Die liegen hier auch überall in der Höhle 'rum, und man muss aufpassen, dass man nicht über so'n klappriges Skelett stolpert!"
Eddi und seine Freunde tasten sich weiter voran und sind begeistert von den riesigen Ausmaßen dieser Urtiere.
„Hier, das muss ein Tyrannus Rex sein." – „Ja, genau, ein Scharfzahn." „Da wollte ich schon immer dabei sein," grinst Eddi, hebt seinen Zauberdaumen und lässt eine gigantische Dinosaurierschau starten.

DINOSAURIERLIED

48

Refrain

Sieh mal da, die Di- no Di- no- sau-ri- er sind da, sind nun wie- der

da, hur- ra hur-ra hur- ra. Und in je- dem Kin- der-zim- mer

wer-den wir zum Star, hur- ra, hur-ra, hur- ra, die Di-no-sau- ri- er.

1. Strophe

Num-mer 1 bei uns war lei- der der Ty-ran-nus Rex, kam er an-ge-

tram-pelt wa-ren al- le ganz per- plex. Die-ser bö- se Räu- ber hat- te

nur ein Spat-zen-hirn,   im-mer nur am Kämp-fen fraß er   vie-le von uns auf, der hat-te

kei-ner-lei Ma- nier´n! Ü-ber acht-zehn Me-ter lan-ge Bron-to-sau-ri-   er,

wa- ren et-was fried-li-cher und Ve- ge- ta- ri-   er.   Wan-der- ten ge-

müt- lich in den Sümp-fen um- her,   fra- ßen Pflan-zen- blät-ter ton-nen-

wei- se   und noch mehr noch mehr auf   ein- mal war'n sie   leer!

Der mit den drei Hörnern war viel größer als ein Mops!
Fast genau acht Meter lang, der Triceratops.
Suchte mit dem Schnabel auch nach Blättern im Geäst,
sah gefährlich aus, jedoch nur, dass man ihn beim Futter sammeln ganz in Ruhe lässt.

Neun Meter lang, zwei Tonnen schwer,
das war der gemütliche Stegosaurier.
22 Platten trägt er auf dem Rücken mit
und vier Stacheln auf dem Schwanz, was will, was will,
was will, was will, was will der denn damit?

Ein besond'rer Typ ist unser Archäopterix,
kletterte auf Bäume rauf, versuchte Fliegertricks.
Der erste Dinosaurier mit Federn, sieh mal an –
vielleicht erinnern euch die Vögel, die ihr heute kennt,
auf eurer Erde noch daran!

Sagt mal wisst ihr denn, warum wir ausgestorben sind!?
 War es nun die Eiszeit, dunkle Wolken oder der Wind ?
Hundertfünfzig Millionen Jahre und noch mehr,
lebten wir auf eurer Erde und jetzt kommen
wir mit uns'ren Typen wieder her.

Ein paar Kinder wollen wissen, ob es auch irgendwann mal wieder hell wird.
„Aber sicher", beruhigt Willi, *„hier an dieser Rechtskurve geht es unterirdisch zum Meer zurück – aber ich denke, wir schwimmen geradeaus weiter, damit ihr wieder rechtzeitig zu Hause seid."*

Und siehe da: Plötzlich befinden sie sich in einer Brunnenanlage. Alle quetschen sich in einem engen Rohr zusammen.

„Hier zapfen die Menschen Trinkwasser aus der Erde", erklärt Willi und aus einem durchsichtigen Rohr heraus beobachten sie eine Frau mit einem weißen Kittel, die ein Reagenzglas mit Wasser betrachtet.

„Aha, wir haben das Wasserwerk erreicht. Jetzt nehmen wir die Leitung, die alle Tropfenkinder gerne nehmen."

Eddi und seine Freunde zucken beim Schwimmen mit den Schultern.

„Lasst euch überraschen!", ruft Willi und grinst verschmitzt.

Nach einer sausenden Fahrt und einer schwindelerregenden scharfen Linkskurve wird allen Tropfenkindern immer wärmer und wärmer. Da plumpsen sie doch kopfüber aus einer Wasserfontäne mitten in ein riesiges Wasserbecken. Es dauert nicht lange, bis die Kinder erkennen, wo sie da gelandet sind: *„Aber das ist ja unser Hallenbad! Ja natürlich! Wir sind zu Hause in unserem Hallenbad!"*

„Ja – unsere Reise um die Erde ist hier zu Ende. Nun heißt es Abschied nehmen. Normalerweise brauche ich für meine Reisen ja etwas länger, aber ihr hattet ja leider nur eine Woche Zeit. Vielleicht hat eure Schule nun auch endlich einen guten Lehrer für euren Unterricht gefunden. Macht's gut. Tschüüüüüüs!"

Willi klingt ein bisschen traurig als er das sagt.

„Ja, tschüs Willi, bis zum nächsten Mal!" Und alle winken ihm noch eine Weile hinterher, bis er mit einem Schwall Wasser im Ablaufkanal verschwindet.

Eddi verwandelt sich und seine Freunde wieder zu voller Lebensgröße zurück. Das ist vielleicht ein Bild! Wie vom Himmel gefallen stehen alle mit ihren Kleidern im Nichtschwimmerbecken – sehr zum Erstaunen der Badegäste. Vor Schreck stolpert der Bademeister über seine eigenen Badelatschen, kann sich nicht mehr halten und platsch – landet auch er samt Kleidung im Becken. Ihr könnt euch sicher vorstellen, dass bei dieser Szene alle herzlich lachen müssen – alle, außer dem Bademeister! Der lässt sich von Eddi erst mal alles über diese sonderbare Reise erzählen, aber er glaubt natürlich kein einziges Wort davon und meint: *„Wie kann man nur eine so blühende Phantasie haben?"* *„Doch, doch! Das ist alles so gewesen"*, bestätigen nun auch Eddis Klassenkameraden. *„Hm, hm, hm ..."* – immer noch grübelt der Bademeister vor sich hin und schließlich geht er in seine Kabine, um auf dem Kalender nachzusehen, ob heute nicht vielleicht der 1. April ist. Im Becken ist derweil ganz schön was los, denn Eddis Klassc zeigt allen Besuchern, dass der Unterricht in der Wassertropfenschule viel mehr Spaß macht! Wie sie das machen?? – Ganz einfach: Sie singen und tanzen den Regenbogentwist – bei dieser Melodie muss einfach jeder mitmachen! Und so ganz nebenbei kann man von den Wassertropfen sogar noch etwas lernen.

53

REGENBOGENTWIST

T. u. M.: Dennis W. Ebert

54

Zwei ganz klei-ne Was-ser-trop-fen rei-sen um die Welt,
(Vier …)
(Acht …)

twis-ten ü-ber Re- gen-bo-gen, brau-chen gar kein Geld.

Ü- ber al- le Gren-zen bis zum wei- ten O-ze- an,

ir- gend-wann, da trop-fen sie bei dir zu Hau-se an!

Al- le Was-ser- trop- fen ken- nen je- des Land,

spre-chen je- de Spra-che, sind mit dir und mir ver- wandt!

Auf der lan- gen Rei- se kommt es auch mal vor, da

sucht sich je- der ei-nen Freund und flüs-tert ihm ins Ohr:

Willst du mit mir ei- ne Wol- ke bau- en?

Alle Wassertropfenkinder twisten auf dem Meer,
rücken dicht zusammen, ja das mögen sie so sehr.
Und die liebe heiße Sonne lacht sie freundlich an,
zieht sie hoch zum Himmel und so fängt 'ne Wolke an.

Und die Wolke wandert tief ins Land hinein.
Regen oder Schnee, das können Wassertropfen sein.
Wandert immer weiter, und dann stell dir vor,
da springt doch so ein Wassertropfen aus dem Hahn hervor:

Guten Morgen, guten Morgen, seid ihr alle wach?
Habt ihr alle ausgeschlafen, na dann schaut mal nach!
Guten Morgen, guten Morgen, wenn ich wieder geh',
denkt daran, dass ich euch nächstes Jahr vielleicht schon – ganz bestimmt –
vielleicht schon wieder seh!

Rollen- und Regieplan

Allgemeines

Die Erlebnislieder von Dennis W. Ebert können als Liedertheater von Akteuren im Rollenspiel spontan und pantomimisch aufgeführt werden, ohne dass Texte gelernt oder aufgesagt werden müssen.

Die Akteure orientieren sich lediglich am gesungenen oder eingespielten Liedtext und vollziehen die Handlungen auf dem Aktionsfeld, welches sowohl ein Klassenraum als auch eine Wiese, eine Turnhalle oder gar eine richtige Bühne sein kann.

Bei den Requisiten kann man grundsätzlich auf vieles verzichten und die Phantasie walten lassen – der Aufwand sollte sich nach den individuellen Begebenheiten richten.

Wer das Liedertheater nicht komplett oder auch nur auszugsweise als Einzeltitel aufführen möchte hat die Möglichkeit, die einzelnen Szenen der Titel bildnerisch auszugestalten. Hierbei kann man bei einem einfachen gemalten Bild anfangen, aber auch die Dreidimensionalität ist ein reizvolles Mittel – Ton oder Pappmachée bieten sich an. So kann zum Beispiel der komplette Wasserkreislauf aus dem ersten Titel an einer Wand angebracht werden und beim Liedablauf optisch die Sachzusammenhänge verdeutlichen.

Im Folgenden finden sich die Rolleneinteilungen zu den einzelnen Titeln mit Angaben zu möglichen Requisiten sowie zum Regieablauf. Die Regieanweisungen sind dabei bewusst auf ein Minimum reduziert, um der erwünschten Spontaneität der Darsteller genügend Freiraum zu ermöglichen.

Viel Spaß bei Ihrer Aufführung!

Lied 1: »Willi der Wassertropfen«

Man nehme:
Aufbau: Wasserkreislauf als „Parcours" (evtl. Bühnenbild nach Phantasie)

1. Kasten als Wolke
2. Bank als Regenbogenrutsche
3. Blumen und Gießkannen auf einer „Wiese"
4. Kriechtunnel (unter der Erde…)
5. Matten (Wasserfall und Purzelbäume}
6. Blaue Plane/Matte als Fluss
7. Evtl. Schild: „Wassertropfenschule"
8. Riesenluftballon oder Ball als Sonne
9. Leiter zur Wolke Nummer 7
10. Badekappen für Wassertropfenkinder
11. Evtl. eine Nebelmaschine

Es spielen:
Ca. 10 oder mehr Akteure
z. B. 5 Wassertropfen, 1 Wassertropfenschule-Lehrer, 1 Sonne
oder
Kinder als lebendige Blumen, Kinder als „Sonnenträger"

So wirds gemacht:
Ausgangsszene: Wasserkreislauf als Parcours aufbauen, Wasserkinder in Wolke Nr. 7 versteckt.
Die Darsteller treten gemäß Liedtext auf.
Szene 1: „…mit seinen Freunden…" Wassertropfenkinder rutschen von der Bank.
Szene 2: „…auf einer Wiese…" Blumen gießen;
Szene 3: „…unter der Erde…" Kriechtunnel;
Szene 4: „…dann sprudeln alle…" Purzelbäume auf den Matten als Wasserfall;
Szene 5: „…schwimmen im Fluß…" über die Plane zur Schule schwimmen;
Szene 6: „…dort in der Wassertropfenschule…." sie begrüßen sich per Handschlag und diskutieren mit ihrem Lehrer.
Szene 7: „…melden sich zu einer Reise…" Wolke wieder besteigen
Szene 8: Im Schlussrefrain „…tut was auch dir und mir gefällt…" Kinder tun, was ihnen gefällt (Blumen gießen, Tunnelkriechen…) bis zum Liedschluss.

Lied 2: »Zahnteufel-Blues«

Man nehme:
Aufbau: Freie Aktionsfläche (evtl. Bühnenbild: Riesenmundhöhle)

1. Teufelskostüm
2. Riesenzahnbürste
3. Dauerlutscher
4. Limonade
5. Gummibärchen
6. Ketchup
7. evtl. Strandzelt als riesige Mundhöhle

Es spielen:
Mindestens 10 Kinder als Chor und Beißerchen (auch komplette Klasse möglich)
1 Zahnteufel
1 Kind mit Riesenzahnbürste

So wirds gemacht:
Nachdem die Beißerchen (das kann auch die ganze Klasse sein) als Gruppe zusammensitzen, schaut sich der Zahnteufel zu Beginn des Liedes und bei jeder weiteren Strophe vorwitzig die Zähne der Kinder (und des Publikums) „drohend" an.
Alle Kinder singen mit und handeln gemäß ihrer Rollen auch pantomimisch
„…Aua da flogen 'se raus…" Zahnteufel schnappt sich zwei Kinder an der Hand und setzt sie auf eine Art „Strafbank".
„…wenn Zahnteufel Schlittschuh laufen…" In der letzten Strophe jagt ein Kind mit Riesenzahnbürste den Teufel durch die Klasse und schrubbt ihm den Buckel bis zum Ende des Liedes.

Lied 3: »Rock'n Roll im Waschsalon«

Man nehme:
1. Reuse
2. Staubwedel
3. Netz
4. Tennisbälle
5. Wattestäbchen
6. Blaue Plane als Waschsalon
7. Kostüme: Blaue Säcke
8. Traktor

Es spielen:
Tina, Peter, Schmutzige Wassertropfenkinder
Sauerstoffteilchen, Bauer Hahni

So wird's gemacht:
Ausgangsszene:
Tina und Peter stehen im Waschsalon (Blaue Plane).
Beide Gruppen (Schmutzige Wassertropfen und Sauerstoffteilchen) sitzen sich mit genügend Abstand gegenüber und hören den Text.
Szene 1: „…aus allen Kanälen…"
Wassertropfen schwimmen in den Salon, werden gesäubert und dürfen beim ersten Refrain schon Rock'n Roll tanzen.
Szene 2: „…alle Wassertropfen schnappen sich…" Saubere Tropfen holen die Sauerstoffteilchen auf die Bühne, tanzen mit ihnen und schrubben sich gegenseitig ab.
Szene 3: „…wenn alle Tropfen wieder sauber sind…" alle gehen in die Hocke und beobachten den heranfahrenden Bauern auf dem Traktor.
Szene 4: Beim letzten Refrain tanzen alle wieder Rock'n Roll und schrubben sich evtl. ab.

Lied 4: »S.O.S. im Ellbachtal«

Man nehme:
1. Streicheltier
2. Kochtopf
3. Floß
4. Fahrrad
5. Pony
6. Regenwurm
7. Bagger
8. blaue Plane oder Betttuch als Bachlauf

Es spielen:
Sängerin, Chor, Bautrupp, „Kapitän", jeweils 2–3 Akteure für die Requisiten.

So wirds gemacht:
Die einzelnen Stationen können bereits während des Liedes installiert sein.
Die Akteure können aber auch auf das Aktionsfeld kommen, Gegenstände und Requisiten präsentieren und es nach ihrer Szene verlassen.
Handlung gemäß Liedtext
Solosängerin präsentiert und interpretiert ihr Lied wie beim Grand Prix

Lied 5: »Seepiratenlied«

Man nehme:

1. Blaue Plane als Meer
2. „Seepiratenboot" = Schlauch-boot o.ä. mit Paddel
3. 3 Kapitänsmützen
4. 3 Matrosenmützen
5. Robbenbaby, Keule,
6. Öljacken, Mini-Fässer, Transparent mit kranken Fischen.
7. Trägermodelle: Öltanker, Walfänger
8. Standmodell: Frachter

Es spielen:

2 Seepiraten
3 Kapitäne
3 Matrosen
2-3 Wale
1 Robbenjäger
2 Träger für Transparent

Ausgangsszene:

Alle Boote am Seitenrand in Wartestellung
Gummiboot steht auf der Plane leer. In der Nähe das Robbenbaby. Seepiraten liegen schlafend auf der Bühne.

Szene 1: „.... Seepiraten klettern..." = Startzeichen für die Piraten, die ihr Boot besteigen und zu paddeln beginnen oder ein Segel setzen

Szene 2: „.... Dort ein Riesentanker..." Tanker startet kreuz und quer über die Bühne

„... Seepiraten klettern...." Seepiraten verlassen ihr Gummiboot und handeln pantomimisch am Öltanker, werfen die Mütze in die See, steigen wieder in ihr Boot und rudern beim Retrain weiter. Der Öltanker bleibt trotzdem auf der Bühne und fährt wie alle anderen bis zum Liedende weiter.

Szene 3: „...Wale sind geheimnisvoller...." Wale starten in die Szenerie

„... doch ein Kapitän ruft..." Walfänger startet und verfolgt die Wale...."

Szene 4: .... Mit einer Keule schleicht...." Robbenjäger schleicht sich ans Robbenbaby Seepiraten handeln pantomimisch oder mit Fingerfarben gemäß Text. Dabei dürfen sie ihr Boot verlassen.

Szene 5: Der Frachter ist am Besten fest an seinem Platz, da die Fässer gemäß Text ins Meer fallen. Die Seepiraten müssen ihr Boot verlassen um die Minifässer aufzunehmen und dem Kapitän zurückzubringen. Im selben Moment startet die Transparentgruppe und marschiert über die Bühne, während die Seepiraten wieder einsteigen und bis zum Ende weiterpaddeln.

Lied 6: »Sonnenstern«

Man nehme:
1. 1 Sonne (Riesenluftballon oder selbst gebaut)
2. 9 große marmorierte Luftballons oder Bälle als Planeten.

Es spielen:
3–4 Kinder als Sonnenträger
9 Kinder als Planetenträger

Ausgangsszene:
Sonne in der Mitte der Aktionsfläche, von 2–3 Kindern gehalten, langsam um sich selbst drehend
Szenenfolge:
Nacheinander kommen die jeweiligen Planeten gemäß Liedtext auf die Aktionsfläche und gruppieren sich in ihrer Umlaufbahn immer in Bewegung (3/4-Takt) um die Sonne, so dass das gesamte Bild des Sonnensystems entsteht.

Lied 7: »Heih Buuh – Das Mondgespenst«

Man nehme:
Kostüme oder Schminken zu den einzelnen Rollen
Bademützen für die Tropfen
Blaue Plane als Meeresfläche

Es spielen:
1. 1 Mondgespenst
2. Fledermäuse
3. Eulen
4. Katzen
5. 2 Astronauten
6. Kinder als Tropfen im Meer

Ausgangsszene:
Alle Wassertropfenkinder sitzen in der Mitte des Aktionsfeldes.
Szenenfolge:
Zu Beginn des Liedes saust das Mondgespenst durch die Menge und handelt pantomimisch gemäß Liedtext. Die übrigen Akteure setzen bei den entsprechenden Textstellen ein.
„…da schiebe ich das Meer zurück…" die Wassertropfen reagieren auf das Schieben des Mondgespenstes.

Lied 8: »Dinolied«

Man nehme:
Evtl. 1 Moderator mit Mikro
Dinosaurier aus Karton
Jeweils 2 Seitenteile als Silhouetten erstellen und Tragekonstruktion aus Schnüren oder Holzstäben.
Flügel für Archaeopterix

Es spielen:
1. Tyrannus Rex
2. Brontosaurus
3. Triceratops
4. Stegosaurier
5. Archaeopterix
6. Evtl. Kinderchor und Moderator

Ausgangsszene:
Zu Beginn des Liedes füllt sich die Aktionsfläche wie bei einer Modenschau mit allen Dinomodellen.
Alle stampfen umher und machen die Aktionsfläche zu Beginn der ersten Strophe wieder frei.
Szenenfolge:
Der Moderator kann seine Modelle gestenreich präsentieren.
Auftritt und Handlung der einzelnen Dinos gemäß Liedtext.
„…wisst ihr denn warum wir ausgestorben sind?…" Alle halten inne und erstarren, während der Moderator die Fragen ans Publikum richtet.
Im folgenden Refrain erwachen alle wieder und stampfen bis zum Liedende Kreuz und Quer über die Bühne.

Lied 9: »Regenbogentwist«

Man nehme:

1. Bademützen
2. evtl. Nebelmaschine
3. Wandernde Wolke

Es spielen:

2 Wassertropfen zu Beginn
mindestens 10 weitere Wassertropfen

Ausgangsszene:

Alle sitzen als Wassertropfen in
der Mitte der Aktionsfläche und
bilden die Welt.
Szene 1: „…reisen um die Welt…"
2 Wassertropfen beginnen Hand
in Hand um die Übrigen hüpfend.

Szenenfolge:

„…flüstert ihm ins Ohr…" Das 1.
Paar sucht sich zwei neue Partner
aus der Menge, diese vier Kinder
später wiederum weitere vier
Kinder als neue Partner.
Zuletzt nehmen sich die acht
Wassertropfen alle übrigen Kinder
(oder auch die Eltern) und twi-
sten gemäß Liedtext „…auf dem
Meer"…, also auf der Stelle.

Schlussszene:

„…Und die Wolke wandert…"
Wolke wandert über die Bühne,
alle hocken sich und warten bis
zur Stelle „…da springt…" wieder
twisten bis zum Liedende.

Zum Autor

Dennis W. Ebert, Jahrgang 1956, Diplomsportlehrer, Grundschulpädagoge und Vater zweier Kinder, gibt sich nicht mit dem klassischen Muster des Kinderliedes zufrieden. Vielmehr möchte er mit seinen bewegungsreichen Sach- und Erlebnisliedern dazu motivieren, dass sich Kinder bewusst – auch im Dialog mit Erwachsenen – mit ihrer Umwelt auseinandersetzen.

Wahrnehmen – Bewerten – Handeln sind zentrale Leitgedanken seiner musikalischen Ohrwürmer.

1991 präsentiert er den gewaltfreien „Eddi Zauberfinger" als Leitfigur seines ersten gleichnamigen Mit-mach-Musicals, das als Integrationsprojekt behinderter und nicht behinderter Kinder unter Einbeziehung des gesamten Publikums uraufgeführt wird.

1992 wird „Eddi Zauberfinger" unter der Regie des Autors als Liedertheaterprojekt einer Schule verfilmt.

1994 folgt im Auftrag des heutigen Entsorgungsverbandes Saar EVS „Willi der Wassertropfen" als ökologisches Bühnenspektakel in Form einer aktiven musikalischen Reise durch den Wasserkreislauf.

1997 initiiert der Liedermacher gemeinsam mit den Saartallinien und dem saarländischen Bildungsministerium das Musikprojekt „Station Liedermacher – Mach mit beim Schülerhit!", bei dem Jugendliche unter dem Aspekt des kreativen Schreibens eigene Songs zum Thema „Mobilität, Reisen und Verkehr" texten und auf einer gemeinsamen CD veröffentlichen.

1998 schreibt der Bewegungsexperte 36 Musiken für den „5-Minuten-Pausenspaß", eine CD der Mobilen Erlebniswelt als Ergänzung für einen bewegten Unterricht.

1999 erfolgen weitere didaktische Veröffentlichungen über die ganzheitlichen Lieder zum Einsatz in Schulen, Kindergärten aber auch zu Hause unter dem Titel „Eddi Zauberfinger-Lieder, die man sehen kann."

1999 erscheint sein Liederlesebuch „Willi der Wassertropfen", womit der Autor neben einer spielerischen Vermittlung von Sachwissen und Redeanlässen hier eine Sensibilisierung für Kreisprozesse und eine damit verbundene Achtung vor einer erhaltenswerten Natur in den Vordergrund stellt.

Das Verlagsprogramm

Dennis W. Ebert hat unter dem eigenen Label „Eddi Zauberfinger Music" bislang zwei Gesamt-
werke als Musicals bzw. Hörspielkassette auf CD/MC veröffentlicht.
Weitere Projekte sind in Arbeit und werden vertrieben durch:
Kreisel-Verlag, Verlagsnummer 97576, D-71131 Unterjettingen, Fax: (0 74 52) 79 04 92

Die Tonträger

Eddi Zauberfinger, MC:
ISBN 3-927635-29-4

Hörspiel mit 9 Sach- und Erlebnisliedern zum Mit-machen aus dem gleich-namigen Musical. Ca. 60 Minuten. Zielgruppe 3–93.

Eddi Zauberfinger, CD:
ISBN 3-927635-30-8

9 Sach- und Erlebnislie-der plus Playbacks inkl. Texte aus dem gleichnami-gen Mit-mach-Musical. Ca. 74 Minuten.

Willi der Wassertropfen, MC:
ISBN 3-927635-31-6

Hörspiel mit 9 Sach- und Erlebnisliedern zur Reise durch den Wasserkreislauf aus dem gleichnamigen Musical. Ca. 60 Minuten. Zielgruppe 3–93.

Willi der Wassertropfen, CD:
ISBN 3-927635-32-4

9 Sach- und Erlebnislieder plus Playbacks inkl. Texte zur Reise durch den Wasserkreislauf aus dem gleichnamigen Mit-mach-Musical. Ca. 74 Minuten.

Die Bücher

Liederbuch Eddi Zauberfinger: „Lieder die man sehen kann" Band I (ISBN 3–927635–36–7)

Liederbuch Willi der Wassertropfen: „Lieder die man sehen kann" Band II (ISBN 3–927635–37–5)

Didaktische Bücher mit je 9 Sach- und Erlebnisliedern zu den gleichnamigen Mit-mach-Musicals. Inklusive Notation, Gitarregriffen, fächerübergreifende Arbeitsaufträge mit Kopier-vorlagen, Rollen- und Re-gieplan, Illustrationen zum Ausmalen. Geeignet für Kindergarten, Grund- und Sonderschulen.

Liederlesebuch Willi der Wassertropfen – die Reise durch den Wasserkreislauf (ISBN 3–927635–33-2)

Ein Liederlesebuch zum gleichnamigen Mit-mach-Musical und Hörspiel. Vier-farbig illustriert, 64 Seiten gebunden. Inklusive Rol-len- und Regieplan.

In Vorbereitung:

CD – „Kinder wollen sich bewegen" (ISBN 3-927635-40-5)
Motivierende Bewegungs- und Entspannungsmusiken nicht nur für Kinder.
Lieferbar: April 2000

Videokassette „Eddi Zauberfinger" (ISBN 3-927635-35-9)
Auszüge aus den Mit-mach-Musicals „Eddi Zauberfinger" und „Willi der Wassertropfen".
Lieferbar: Mai 2000

Aktuelle Informationen sind über die Homepage von „Eddi Zauberfinger" zu erfahren.
http://www.t-online.de/home/eddizauberfinger/welcome.htm

Begleitartikel wie Tassen, T-Shirts, Schreibunterlagen liefert: A. Selzer, Berliner Straße 85,
D-66839 Schmelz, Tel.: (0 68 87) 25 59, Fax: (0 68 87) 76 86